포근한 나의 성령님

| 송태옥 신앙시집 |

포근한 나의 성령님

창조문예사

 시인의 말

　하나님께 신앙시집을 바칩니다. 하나님께 영광을 올립니다. 시를 쓰기 시작하면서부터 시를 쓰면 고통받고 절망하는 사람들의 한 줄기 희망의 빛이 되게 해 달라고 기도했습니다. 그리고 버려지고 망가지고 소외된 사람들의 따뜻한 위로가 되게 해 달라고 기도했습니다. 이제 칠순. 칠순에 신앙시집을 내게 해 달라고 기도했습니다. 칠순에 신앙시집을 내게 되어 한없이 하나님께 감사드립니다.

　2부는 교사를 명예퇴직할 때까지의 시이고 제 첫 신앙시집 『인생의 길을 위하여』에 실렸던 시들입니다. 1부는 명예퇴직을 하고서 이제까지의 시들입니다. 칠순을 맞이하여 인생을 종합 정리하는 것들이기에 1부와 2부를 모두

한 권의 신앙시집으로 엮었습니다. 하나님께 영광이길 기도합니다. 하나님께 감사드립니다.

                                        칠순의 따스한 봄날에
                                                송태옥

차례

시인의 말   4

1부_ 명예퇴직 후 지금까지

아버지를 그리며   15
전도 폭발 간증 영생   16
아버지 하나님   18
하나님 단련   19
영혼 나라   20
하나님 영혼 나라, 천국   21
죽음을 이긴다는 거   22
복음   23
기억   24
구원 1   25
구원 2   26
약속   27
단순   28
결국 남는 건   29
천국   30
행복천국   31
천국은 가능한가?   32
죽음   33
나의 성령님   34
우리를 돕기 위한 보혜사로서의 성령님   35
금단증상   36
하나님   37

예배	38
+£	39
내가 아닌 하나님	40
가장 좋은 것	41
공짜가 없으신 하나님	42
응답하시는 하나님	43
룻기를 배우며	44
신앙	45
귀신 사탄 마귀	46
꼭 잡고 계신 분	47
행복	48
서로에게	49
하나님	50
철	51
때	52
가뭄의 단비	53
관용	54
대속	55
하나님이 다 해 주신다 1	56
기적	57
들어 올리심	58
들어 올리심 – 그것은 하나님의 순간 이동이었다	59
하나님이 다 해 주신다 2	60
하나님이 대신 써 주심	62
주일 예수님 친구	63
예수님 친구	64

유방암 1	65
값	66
보호 1	67
축복	68
주홍글씨	69
행운권 케이크	70
기도 체험	71
오직	72
힘듦	73
용서	74
외로움	75
코로나19	76
구원자	77
천국의 마음	78
도와주심	79
개과천선	80
하나님 힘	81
하나님과 산다	82
고독사	83
천국은?	84
잠	85
잠과 영혼	86
혼자 밤이 무서워서 잠 못 잠	87
포근한 따뜻한 성령님	88
일상의 하나님	89
하나님! 제발 도와주세요	90
평안	91

사랑	92
아파서	93
불행	94
알아서	96
보호 2	97
평안	98
수가성의 여인	99
로마서 5장 3절 4절	100
살아가는 길	101
확신	102
창조의 신비	103
공평하신	104
가시 면류관	105
힘든 날	106
성가대 30년	107

2부_ 명예퇴직 직전까지 교사 시절

인물학습 예수	111
도덕 시간에	112
3학년 8반	113
1학년 6반	114
시험문제	115
원서	116
청소년상담센터	117
성경읽기반	118

장애인	119
가을	120
유방암 2	121
자살	122
십일조	123
전셋값	124
중도금	125
건축헌금	126
성가대	127
하나님이 없었으면 내가 어땠을까?	128
하나님은 왜 나를 보호하실까?	129
참 이상한 일이야	130
끝없는 싸움	131
주님께	132
오늘은	134
시험	136
구원	137
코 꿰기	138
순리	140
잔	142
말	143
고난	144
고난이 유익이라	145
엉망진창	146
부정	148
하나님은 아시는지요	150
하나님 찬양	151

힘	152
선택	154
뜻	155
벌레	156
하나님은 나를 버리실 거야	157
의지	158
일요일	159
임마누엘	160
예수님 사랑	161
이런 분이 있어요	162
기도	163
기도 제목	166
우선멈춤	167
채찍	168
준비	171
순종	172
모순	174
산과 계곡	175
섭리	176
종교	177
신앙	178

1부
명예퇴직 후 지금까지

아버지를 그리며 · 전도 폭발 간증 영생 · 아버지 하나님 · 하나님 단련
영혼 나라 · 하나님 영혼 나라, 천국 · 죽음을 이긴다는 거 · 복음 · 기억
구원 1 · 구원 2 · 약속 · 단순 · 결국 남는 건 · 천국 · 행복천국
천국은 가능한가? · 죽음 · 나의 성령님 · 우리를 돕기 위한 보혜사로서의 성령님
금단증상 · 하나님 · 예배 · +£ · 내가 아닌 하나님 · 가장 좋은 것
공짜가 없으신 하나님 · 응답하시는 하나님 · 룻기를 배우며 · 신앙
귀신 사탄 마귀 · 꼭 잡고 계신 분 · 행복 · 서로에게 · 하나님 · 철 · 때
가뭄의 단비 · 관용 · 대속 · 하나님이 다 해 주신다 1 · 기적 · 들어 올리심
들어 올리심-그것은 하나님의 순간 이동이었다 · 하나님이 다 해 주신다 2
하나님이 대신 써 주심 · 주일 예수님 친구 · 예수님 친구 · 유방암 1 · 값
보호 1 · 축복 · 주홍글씨 · 행운권 케이크 · 기도 체험 · 오직 · 힘듦
용서 · 외로움 · 코로나19 · 구원자 · 천국의 마음 · 도와주심
개과천선 · 하나님 힘 · 하나님과 산다 · 고독사 · 천국은?
잠 · 잠과 영혼 · 혼자 밤이 무서워서 잠 못 잠
포근한 따뜻한 성령님 · 일상의 하나님 · 하나님! 제발 도와주세요
평안 · 사랑 · 아파서 · 불행 · 알아서 · 보호 2 · 평안 · 수가성의 여인
로마서 5장 3절 4절 · 살아가는 길 · 확신 · 창조의 신비
공평하신 · 가시 면류관 · 힘든 날 · 성가대 30년

아버지를 그리며

아버지가 돌아가신 지 1주기,
아버지는 천국에서 아프시지 않고 평안하게 사시니
슬퍼하지 말아야 하지만
저는 여전히 아버지가 그리워 자꾸자꾸 눈물이 나요
꿈속에선 건강하신 아버지만 뵙듯
아버지가 계신 천국에서 아버지는 건강하시다니
저도 천국에서 건강하신 아버지를 만날 날을 손꼽아요
아버지가 너무너무 보고플 때는 사진을 보며
아버지가 천국에서 잘살고 계시니 위로를 받아요
저도 아버지 계신 천국을 사모하며 살아요
아버지처럼 예수 믿고 구원받아 천국 갈 날을 소망해요

전도 폭발 간증 영생

1. 영생을 얻기 이전에 저는 천국에 들어갈지 어떨지 관심 없이 살았습니다.

2. 아버지를 모시고 단둘이 살던 제게, 아버지가 3년을 편찮으시다가 2년을 캔 유동식으로 콧줄을 끼고 식사를 하시고, 대소변을 받아 내며 지극정성 모시고 살던 아버지가, 돌아가셨습니다. 너무나 생생하기만 한 아버지가 제 곁을 떠나고 제 곁에 계시던 아버지가 없으시다는 사실에 아버지만 생각하면 눈물이 펑펑 쏟아지기만 하고 너무나 그리움에 사무쳐 슬픔으로 살기만 했습니다. 그러던 어느 날 저는 영생을 얻었습니다. 저희 아버지는 예수님을 믿어서 천국에서 아프시지도 않고 더 좋은 나라에서 행복하게 살고 계시다는 사실을 알게 되었습니다.

3. 저는 아버지가 아프시지 않고 천국에 계시다는 기쁜 사실뿐만 아니라 저도 죽으면 예수님 믿으니 당연히 천국 가서 아버지를 만날 거라고 생각하니 천국에 간다는 사실이 너무나 기뻤습니다. 저는 영생을 얻은 이후에 아버지를 그리던 슬픔은 덜하게 되고 저도 더불어 영생을 얻어 변화

되었습니다.

4. 그것은 제가 오늘 밤이라도 이 세상을 떠난다면 천국에 들어갈 것을 확신하기 때문입니다.

아버지 하나님

아버지 편찮으셔서 누워만 계실 때
기독교 TV만 틀어 드리니
"하나님이 계시냐?" 물어보셔서
"그럼요 아버지! 공기가 눈에 안 보여도 있듯이
하나님도 공기처럼 눈에 안 보이지만
천지 공간에 널리 퍼져 계신 거예요
공기처럼 눈에 안 보이지만 계신 거예요"
"아! 그렇구나 그렇겠구나"
그렇게 하나님을 몸소 받아들이시고
예수님을 받아들이셔 거듭나셔서
천국에 가신 아버지
하나님을 우리에게 주고 가신 아버지

하나님 단련

하나님은 야곱이 하나님 말씀을 안 듣자 천사를 시켜서 환도뼈를 부러뜨리고 그래도 하나님 말씀을 안 듣자 자녀들을 치셨다고 한다

나는 명퇴하고 신앙시집 내고 교만해질까 봐서 하나님이 아버지를 아프시게 해서 혼자 무섭게 있어 봄으로써 나를 겸손하게 하나님 품 안으로 돌아오게 하셨다.

영혼 나라

사람은 죽으면 영혼이 되어 영혼 나라에 간다
어느 영혼 나라에 속하느냐다
아버지는 돌아가셔서 하나님 천국 영혼 나라에 가셨다
나도 죽으면 하나님 천국 영혼 나라에 갈 거다
예수님 믿으면 하나님 천국 영혼 나라에 간다
하나님 영혼들이 모여 사는 하나님 천국 영혼 나라
예수 믿으면 가는 하나님 천국 영혼 나라

하나님 영혼 나라, 천국

아버지가 돌아가시고
사람이 죽으면 어떻게 될까 생각했다
교회에서 피상적으로 말하는 대로가 아니라
내 나름대로의 깨달음이 필요했다
많은 시간 생각했다 그리고
우선, 사람이 죽으면 영혼이 된다는 것을 깨달았다
실제 아버지 영혼을 보았다
사람이 죽으면 영혼이 된다는 것
그리고 영혼에는 종류가 많다는 것
예수님 믿으면 영혼 가운데서 하나님 영혼이 된다는 것
하나님 영혼이 성령이라는 것
하나님 영혼이 사는 나라가 천국이라는 것
아버지가 계신 곳,
하나님 영혼 나라인 천국에 간다는 것을 깨달았다

죽음을 이긴다는 거

 가까운 사람이 죽고서 죽음을 이긴다는 거 힘든 거 예수님 믿고 천국 가고 천국에서 만난다고 생각하면 죽음은 의외로 쉬운 거 천국 가서 만난다고 천국에서 살아 계신다고 예수님 믿고 죽음이 쉽게 죽음을 이기게 천국에서 만나게

복음

기쁜 소식이 있어요

복음이에요

예수그리스도를 믿음으로 말미암아 죄 사함 받고 구원 받아 하나님의 자녀가 되는 것이에요

하나님 아들 예수님이 이 세상에 오셔서 예수님이 내 죄를 대신 짊어지고 나 대신 십자가에 돌아가셔서 내 죄를 대속하시고 죽은 나를 살리신 예수님을 믿는 거예요

예수님은 사흘 만에 부활하셨어요

좋으신 하나님이 만드시는 좋은 세상으로 당신을 초대합니다

하나님이 계십니다 하나님이 세상을 이처럼 사랑하사 독생자를 주셨으니 이는 그를 믿는 자마다 멸망하지 않고 영생을 얻게 하려 하심이라

기억

 꼭 잊지 말아야 할 것 한 가지 — 복음 — 예수님이 날 위해 십자가에 돌아가시고 부활하셨다 예수 믿으면 구원받아 천국 간다 어렵고 힘든 사람도 고통받는 사람도 불행해도 예수 믿으면 구원받아 천국 간다

구원 1

요한복음 3장 16절
하나님이 세상을 이처럼 사랑하사 독생자를 주셨으니 이는 그를 믿는 자마다 멸망하지 않고 영생을 얻게 하려 하심이라

예수님 믿고 죄 사함 받아 구원 얻고 천국에 가서 영원히 살며 부활하는 것

구원 2

예수님 믿으면 구원받고 천국 가서 영생한다

약속

예수님 믿으면 멸망찮고 영생을 얻는다

단순

예수님 믿고 구원받는 거

결국 남는 건

사람은 결국은 죽는 거

죽을 때 남는 건 무얼까?

죽을 때 남는 건 예수님 천국

평안한 천국에서 살다 죽는 거

결국 남는 건 평안한 천국 행복

천국

사람은 죽으면 끝이 아니라 영혼 나라에서 영혼으로 다시 산다
영혼은 영혼끼리 모여 산다
좋은 영혼 나라에 속하기 위해 좋은 영혼이 돼야 된다
예수님 믿는 사람은 영혼이 성령이라서
성령이라는 영혼 나라에 성령끼리 모여 산다
성령 영혼 나라를 천국이라 부른다

행복천국

행복은 천국
천국은 행복

천국은 가능한가?

죄를 지어도 천국 갈 수 있을까?

예수님이 돌아가시면서 죄 사함 하셨으니 천국 갈 수 있겠죠

불행한 정신이 없는 횡설수설하는 정신병자도 천국 갈 수 있을까?

예수님이 그들을 불쌍히 여기사 친구처럼 대해 주시니 천국 갈 수 있겠죠

죽음

죽음은 산 자의 몫이다
산 자가 죽음을 어떻게 생각하느냐에 따라 죽음은 달라진다

죽음은 혼자 못 간다
그 누군가라도 같이 가야 한다
예수님이 같이 가는 죽음이 천국이다

나의 성령님

포근하다 평안하다 따뜻하다

우리를 돕기 위한 보혜사로서의 성령님

1. 돕는 자
2. 가르치는 자
3. 대언자
4. 위로자
5. 상담자

금단증상

금단증상을 막는 것은 평안함, 포근함, 따뜻함이다

편안함, 포근함, 따뜻함은 성령님이다

금단증상을 막는 것은 결국 성령님이다

하나님

무한하시다 ∞

예배

하나님은 예배

+£

하나님은 참 이상한 분이시다
다 해 주시는
믿고 맡기면 순종하면
+£로

내가 아닌 하나님

나 중심으로 생각하면 근심 걱정인 세상일들
하나님 중심으로 생각하면 오묘하고 신기한 투성이

가장 좋은 것

가장 좋은 것만 주시는 주님
고난인 줄 알았더니 가장 좋은 걸 위해
시련인 줄 알았더니 더 좋은 걸 위해
숨기고 덮어 두셔 언젠가 갖게 하셔
힘들다 도리질 치면 얘야! 참아라
아프다 고통하면 얘야! 힘내라
네게는 내가 주는 만나만 있단다
가장 좋은 걸 예비하여 네게 준단다
네게 더 좋은 걸 주려고 내가 있단다
널 위해 네 십자가 내가 졌단다
참고 견디는 십자가 무게만큼 더 좋은 거
눌리고 아픈 십자가 길이만큼 더 좋은 거
가장 좋은 게 바로 네 것이란다 주님
가장 좋은 게 바로 네 상급이란다 주님
나는 가장 좋은 것만 네게 준단다

공짜가 없으신 하나님

공짜가 없으신 하나님
그냥이 아니신 하나님
노력하면 노력한 만큼의 대가를 주고
놀면 논 만큼의 대가를 주고
꼭 응분의 보상을 하시는 하나님
억울할 거 없어요
분 내지 마세요
과분할 거 없어요
주저하지 마세요
하나님은 꼭 그만큼의 것만을 주시니까요
하나님은 공짜가 없으시답니다
그냥이 아니시랍니다
언젠가는 그만큼 꼭 주신답니다

응답하시는 하나님

응답하시는 하나님
울며 기도하는 기도에는 반드시 응답하시는 하나님
괴로움과 고통에 눈물이 저절로 나요
괴로움과 고통에 기도가 저절로 나요
그래 울어라
그래 나한테 기대어 기도해라
아픈 마음 꼭 껴안으시며 다독이시며
대신 해결해 주시는 하나님
펑펑 울수록
펑펑 아플수록
펑펑 내리붓는 기도의 응답
기도가 눈물의 중보란다
기도가 눈물의 힘이란다
기도로 모든 것을 이루어 주시는 하나님
기도에 꼭 응답하시는 하나님

룻기를 배우며

룻이 불행해졌을 때
하나님을 원망했을까?
신앙고백했을까?
성경연구반에서 난상난하 토론이 벌어졌다
욥이 그래도 하나님께 순종했듯
룻도 그래도 하나님께 신앙고백을 하였던 거란다
사람이 불행해지면 당연히
하나님 먼저 원망하는 게 사람일진대
룻은 눈곱만치도 하나님을 원망 안 하고
우선 하나님께 신앙고백 먼저 한 거란다
그래도 그래도 하나님이었구나
사람은 모든 걸 제치고 하나님 먼저 하나님 우선
신앙고백으로 나가야 하는구나
아무리 아무리 어려운 일 당해도 하나님 원망찮고
하나님 신앙고백을 오로지하여야 하는구나
그래도 그래도 하나님이어야 하는구나

신앙

신앙이란 하나님께로 향하는 건가 보다
때론 원망하고 때론 반항하고 때론 방황하다 하나님께로 돌아오고
다시는 안 그런다 다짐하고선
그러다 또다시 때론 반항하고 때론 방황하다 하나님께로 돌아오고
그러기를 수없이 수없이 반복
그러다 그러다 하나님께로 향하여 나아가다 나아가다
무조건 감사 신앙 고백할 수 있는 내가 되는 건가 보다
그러면서 하나님께로 나아가는 건가 보다
그렇게 하나님께로 닿는 건가 보다

귀신 사탄 마귀

귀신 사탄 마귀가 무언가 곰곰이 생각하니
귀신 사탄 마귀는 내 안에 존재하는 부정적인 것들이다
나를 죽음으로까지 내몰고
나를 파멸로 이끌도록이나 무시무시한 것
그것이 바로 부정적인 귀신 사탄 마귀였다
부정적인 게 그렇게 무서운 거다
귀신 사탄 마귀는 부정적인 거다

꼭 잡고 계신 분

세상에 나갈 때마다 꼭 잡고 계신 분
어렵고 힘들 때마다 꼭 잡고 계신 분
고통받고 절망할 때마다 꼭 잡고 계신 분
망가지고 버려지고 소외될 때마다 꼭 잡고 계신 분
꼭 잡고 계신 분이 아니었으면
꼭 잡고 계신 분이 있어서 오늘의 내가 되었네
주님의 내가 되었네
주님이 꼭 잡고 계신 손
의지하네 내 모든 것

행복

하나님! 당신은 당신이 행복해지기보다 내가 더 행복해지기를 바라시는 분

하나님! 희생과 눈물로 고달파도 내가 더 행복해지기를 바라시는 분

하나님! 참고 견딘 인내로 내가 더 행복해지시기를 바라시는 분

하나님! 당신은 언제 어디서나 내가 더 행복해지시기를 바라시는 분

서로에게

외딴 숲속 작은 연못에 물고기 두 마리가 살고 있었다 싸우고 살던 두 물고기는 다른 물고기에게 상처를 입혔다 상처 입은 물고기는 죽었다 살아남은 물고기는 이제야 연못을 독차지하고 마음대로 살 수 있게 되어 기뻤다 죽은 물고기가 썩으면서 연못물도 썩었다 살아남은 물고기는 썩은 물에서 숨을 쉬지 못해 죽었다

작은 연못에는 아무것도 살지 않았다

누군가 널 위해 기도하네

하나님

어렵고 아파할 때 함께하시는 하나님
애통할 때 함께하시는 하나님
울부짖을 때 함께하시는 하나님
결코 버리시지 않으시는 하나님
손가락질당해도 무시 멸시 당해도 안아 주시는 하나님
항상 내 편이 되어 주시는 하나님
모든 걸 다 해 주시는 하나님
결국 다 주시는 하나님

철

여름엔 여름 이불
겨울엔 겨울 이불

여름에 여름옷
겨울에 겨울옷

아닌 듯 아닌 듯해도
다 제철이 있다

제철에 감이 나오고
제철에 대추가 나오고

제철에 덥고
제철에 춥고

아닌 듯 아닌 듯해도
다 제철이 있다

아닌 듯 아닌 듯해도
다 하나님이 해 주시는 철이 있다

때

하나님이 다 해 주시는데
하나님은 흔들리지 않을 때
뿌리가 확고하고 튼튼할 때
때가 무르익을 때 다 해 주시는 거다
아무리 발버둥 몸부림쳐도
때가 아니면 안 해 주시는 거다
그러나 때가 되면
예상치도 생각지도 않았는데 다 해 주시는 거다
때에 맞추어 경거망동하지 않을 수 있을 때
다 해 주시는 거다

가뭄의 단비

긴 가뭄에
주일날이면 주일날마다 비가 내렸다
단비가 내렸다
하나님이 축복해 주셔서 긴 가뭄에
주일날이면 주일날마다 단비를 내려 주셨다
하나님이 엘리야에게 단비를 주셨듯
하나님이 주일이면 단비를 주시는 것이라는 생각이 들었다

관용

미워해도 미워해도
싫대도 싫대도
소리치고 울부짖어도
빙그레 바라만 보시는 분
빙그레 웃으시며 받아 주시는 분
하나님

대속

하나님의 아들 예수님이 있는데 그분이 내 죄를 대속하시고 십자가에서 돌아가셨대. 내 죄를 대신해 죽다니 얼마나 놀랍니?

하나님이 다 해 주신다 1

하나님이 정말 다 해 주신다
기도하면 기도하면 다 해 주신다
궁극적으로 다 해 주신다
위기도 기회가 되고
사람을 통해 역사하셔서
절망 파멸 바닥이 언제였냐는 듯
궁극적으로 하나님이 다 해 주신다
하나님이 하나님이 다 해 주신다

기적

하나님은 어렵고 힘든 막다른 골목 바닥에 떨어졌을 때 들어 옮기신다

들어 올리심

하나님은 들어 올리시는구나
기도의 응답으로 막다른 골목에서는 들어 올리시는구나
더는 어쩔 수 없을 때는 들어 올리시는구나
환경을 완전히 바꾸어서 들어 올리시는구나
막다른 막장 골목에서 들어 올리시는 하나님
하나님은 들어 올리시는구나

들어 올리심 – 그것은 하나님의 순간 이동이었다

첫 학교에서 너무너무 힘들었다
하나님에게만 매달렸다
새벽기도도 가고 십일조도 내고 세례도 받았다
그랬더니 하나님이 들어 올리셔서
전혀 새로운 학교로 발령을 받아 좋으신 교장 선생님을 만나
편한 학교생활을 할 수가 있게 되었다
그때는 몰랐다
평생을 살고 보니 비로소
하나님이 들어 올리셨던 거라는 걸 깨달았다
하나님은 불가항력적일 때는 들어 올리신다더니
내가 그랬다
들어 올리시는 일이 정말 있다

하나님이 다 해 주신다 2

하나님이 다 해 주신다

하나님이 다 해 주신다

하나님이 다 해 주신다

하나님이 다 해 주신다

하나님이 다 해 주신다

하나님이 다 해 주신다

하나님은 다 해주신다

하나님이 다 해주신다

하나님이 다 해주신다

하나님이 다 해 주신다

이렇도록 하나님이 다 해 주신다

나는 하나님이 다 해 주신다고밖에는 말할 수 없다

하나님이 대신 써 주심

　방송대 시험을 보는데 하나님이 대신 써 주는 것처럼 줄줄줄 썼다
　'이건 분명 하나님이 써 주시는 거야'라고 하며 시험을 보았다
　그랬다 분명 하나님이 대신 써 주신 거였다
　그러나 하나님이 대신 해 주신다는 것은 내가 철저히 준비했기 때문 아닐까
　하나님은 철저히 준비된 사람을 도와주시는 것 아닐까

주일 예수님 친구

죽고 싶은 꿀꿀한 기분의 토요일 밤을 지내고 주일날 교회에서 주일성수를 하니 꿀꿀한 기분이 사라졌다. 친구가 없는 내게 예수님은 친구가 되어 주셨다.

예수님 친구

사람은 친구가 될 수 없을 때 막다른 골목에서 예수님은 친구가 되어 주신다. 막다른 골목에서 예수님밖에는 친구가 되어 주실 수 없다.

유방암 1

42살, 등단 이튿날 유방암 판정을 받고 죽어라고 기도하며 교회학교 교사를 하겠다고 살려 달라고 그랬더니 수술방에서 유방암이 아니란다.

64살, 또다시 유방암이라 그래서 다 산 인생 죽어도 좋았다. 내 인생에서 남은 건 하나님 한 분뿐. 그랬더니 또다시 유방암이 아니었다.

또 유방암이 되자 죽으면 죽으리라 자포자기로 인생 산전수전 다 깨달은 듯
덤덤히 데려가고 싶으시면 데려가라고 삶의 애착은 없고 천국에 대한 애착이 더 강하다.

값

세상에는 값이 있다
부자는 부자가 되는 대신 값을 치르고
모든 건 무엇이 되기 위한 값을 치른다
예수님은 값이 없다
예수 믿는 대신 무엇을 요구하지 않는다
예수 자체면 된다
값이 없는 예수님

보호 1

혼자 살아서 무섭고 두려운 나를
하나님이 예수님이
전신갑주로 나를
보호해 주시는구나

축복

일요일은 축복
주일은 축복
하나님은 축복
예수님은 축복
모든 일을 다 해 주시는 축복
못하는 일이 없으신 축복
모든 축복의 근원 예수님
오로지 축복입니다
하나님 예수님은

주홍글씨

나 같은 죄인
하나님의 은혜로
살아났다

못다 갚을 죄
하나님의 은혜로
살아났다

살아 있음에 감사한
하나님의 은혜로
살아났다

행운권 케이크

갈릴리 송년회에서 행운권 추첨이 있었다

50여 개나 되는 선물들을 주는데 제일 좋은 선물은 송년 촛불 불었던 겨울왕국 케이크를 마지막 행운권 추첨자에게 준다는 것이었다

아무 선물도 안 되나 보다 포기하는 순간 맨 마지막으로 겨울왕국 송년 케이크가 당첨되었다

하나님은 가장 미천한 자를 축복하시나 보다

이 밤, 집에 가면 가장 외로울 나에게 하나님은 가장 큰 선물을 주셨다

하나님은 위로하신다

기도 체험

기도를 안 했더니 연습 때 잘 되던 해금을 엉망으로 연주했다
기도를 했더니 제대로 연주했다
기도를 했더니 그렇게 아프고 무서운 치과 치료가 잘 되었다
사소한 기도 체험이었다

오직

오직 하나님밖에 없으시다
이래저래 이것저것 다 해 봐도
오직 하나님밖에 없으시다

힘듦

정말 힘든 인생이었다
인생은 어려움을 이겨 내는 거다
노력하면서 오로지 기도하면 하나님이 다 해 주신다

용서

깨끗하고 하얀 벽지 위의 검은 점 하나
순식간에 생긴 사인펜 자국
찰나에 스쳤을 뿐인데 생긴 오점
평생을 따라다니는 인생의 순간의 실수
눈에 보이지 않는 주홍글씨
내내 따라다니며 지고 가는 죄 짐
하나님만의 용서

외로움

이렇게 외로울 땐 예수님뿐
마음을 의지하는 예수님
내 모든 의지 예수님

코로나 19

세상이 이렇게 바뀔 수 있다니
그렇게 부르짖던 주일성수가 인터넷 예배로 바뀌어도 아무렇지도 않은 듯
사랑으로 꼭 껴안아 주라던 허그가 사회적 거리 두기로 바뀌고
방콕에 방글라데시는 자조적인 표현이었는데 집콕이 당연한 단어로 바뀌고
다정함의 상징이던 악수는 안 돼요
세상이 이렇게 바뀔 수 있다니
그렇다면 하나님도 세상을 바꾸시겠구나
이 세상이 있듯 천국도 지옥도 있겠구나
우리가 모르는 하나님의 나라가 있겠구나

구원자

하나님은 나의 구원자
여러 종교가 있지만 기독교가 나를 구했다
하나님은 나의 구원자
내가 환난에 빠질 때 구해 주시고
나를 안전한 곳으로 인도해 주신
하나님은 나의 구원자
내가 의지하는 구원자
내 일생의 고백
평생 그런가 보다 하고 잊은 채 모르고 살다가
죽을 때에야 고백하게 되니
진짜로
하나님은 나의 구원자

천국의 마음

천국의 마음은 따뜻하고 포근한 마음이 아닐까
천국의 마음은 따뜻하고 포근한 마음일 거다
포근하고 따뜻한 마음은 천국의 마음인 것만 같다

도와주심

하나님! 저의 하나님이면 저를 좀 도와주세요

너무나 절박하고 막막할 때 내미는 손

하나님! 저의 하나님이면 저를 좀 도와주세요

개과천선

수렁 막장 바닥이던 내가
하나님 믿어서
개과천선했다
연금 받고 시 쓰고 산다
이런 나를 하나님 믿어서 개과천선했다고 하는 거다

지금도 문득문득 절망 수렁에 빠질 때는
하나님 믿어서 개과천선해서 연금 받고 시 쓴다고 생각한다

하나님 힘

내 힘으로 사는 건지 알았더니 하나님 힘으로 사는 거였다

내 잘난 척에 사는 건지 알았더니 하나님 힘으로 사는 거였다

내 힘으로 시 쓰는 건지 알았더니 하나님 힘으로 시 쓰는 거였다

간절히 도와달라고 하면 도와주시는 하나님

하나님 도움으로 사는 것뿐

하나님과 산다

하나님은 인간의 가장 약한 부분으로 찾아오신다더니
내가 아버지 돌아가시고 이사 와서 혼자 살기 너무 힘들어하니까
하나님은 혼자 살기 힘들어하는 나에게
하나님은 나와 함께 살아 주시러 오셨다
나는 인젠 혼자 사는 게 아니라 하나님과 함께 산다

고독사

혼자 산다는 거
혼자 죽는다는 거
고독사한다는 거
썩은 시체로 발견될지도 모른다는 거
이 모든 두려움에
죽으면 영혼이 된다는 거
죽으면 영혼이 되어 천국 간다는 거
천국에 가는 안심이 잠들게 한다는 거

천국은?

혼자 살기가 무서워
무서우면 천국이 아닌데
혼자 살기가 무서워서 잠 못 자
잠 못 자면 천국이 아닌데
천국은 어디쯤일까?
혼자가 괜찮아졌네
천국인가?
혼자가 괜찮으니 잠도 잘 자네
천국인가?
천국은 평안함

잠

하나님! 제발 도와주세요
간절히 기도드린다
그러면 하나님은 잠을 주신다

잠과 영혼

잠과 영혼은 하나님만이 할 수 있다
간절히 기도드려야만 할 수 있다
'하나님! 제발 도와주세요' 하면 잠이 온다
교만해져서 기도를 안 하면 잠이 안 온다

혼자 밤이 무서워서 잠 못 잠

혼자 밤이 무서워서 잠 못 자는 걸 전도폭발을 받고서 예수님 의자에 앉으니 예수님이 혼자 밤이 무서워서 잠 못 자는 의자가 되고 나는 평안해졌다 내 혼자 밤이 무서워서 잠 못 자는 걸 다 갖고 갔다

포근한 따뜻한 성령님

 공포 형벌의 혼자 밤이 무서워서 잠 못 자는 나를 보고 예수님은 슬프게 울고 계셨던 거다 잠 못 자는 나를 구원해 주시려고 예수님은 포근한 따뜻한 성령님을 보내서 잠을 자게 해 주셨다 포근한 따뜻한 성령님이 나를 잠자게 해 주신다

일상의 하나님

잠시도 떨어져 있고 싶지 않으시는 하나님
언제나 하나 되어 살고 싶으시는 하나님
길이 되어 주시는 하나님
제발 도와달라시는 하나님
도와주시기만을 바라는 하나님
기도하게 하시는 하나님
기도하시면 다 들어주시는 하나님

하나님! 제발 도와주세요

"하나님! 제발 도와주세요" 간절히 기도합니다
하나님이 벌써 "너를 도와주고 있단다"
"뭐예요?"
"네가 절망 파멸에서 헤맬 때 '힘들 때 네 발로 가던 발자국이 왜 두 발이에요?'라고 하자 '내가 바로 그땐 너를 업어 주고 갔던 거란다'라는 얘기 기억하지?
그게 바로 너란다 난 사람을 통해서 섭리하지"
"아! 네 하나님 그런 거였군요
하나님은 항상 제게 있던 거군요
하나님의 보호 아래 제가 있던 거군요
하나님은 항상 저를 돌보시고 계시는군요
자나 깨나 합력하여 선을 이루시는 거군요"
합력하여 선을 이루시는 하나님!
항상 도와주시고 계신 하나님!

평안

아버지 돌아가시고 이사 와서 밤이면 공포 형벌
밤이면 불안 초조
그렇게 밤이 되면 달라지는 내게 평안을 주시는 하나님
하나님은 평안이시구나

사랑

예수님이 나 같은 사람을 사랑하셔서 태어나셨다
예수님이 나 같은 사람을 사랑하셔서 돌아가셨다
예수님이 나 같은 사람을 사랑하셔서 부활하시었다
죄인만도 못한 나 같은 사람을 위해서

아파서

하나님! 아파서 하나님을 찾았어요
평소에는 살아가기 바빠서 생각도 않는데
하나님! 아프니까 하나님을 찾게 되었어요

불행

내가 불행할 때
하나님의 자녀임을 더 느낀다

내가 불행할 때
하나님께 더 매달린다

내가 불행할 때
나는 하나님의 자녀로 다시 태어난다

내가 불행할 때
하나님은 나의 모든 것

내가 불행할 때
하나님은 억울함도 풀어 주신다

내가 불행할 때
하나님은 빈틈없이 채워 주신다

내가 불행할 때

하나님은 다 해 주신다

내가 불행할 때
비로소 하나님의 자녀가 된다

알아서

하나님은 다 알아서 해 주신다 언제나 합력하여 선을 행하시며 다 해 주신다

보호 2

인간에게 가장 중요한 것은 보호

하나님은 사람을 통해서 역사 섭리하신다

사람을 보호하는 예수님 성령님

나를 보호하시는 예수님 성령님

평안

하나님이 우리에게 예수님 성령님을 보내셔서 포근하고 따뜻한 평안을 우리에게 주셨다

수가성의 여인

불행한 나에게 예수님이 수가성의 여인처럼 찾아오셨다. 그 이후 나는 변화되었다.

로마서 5장 3절 4절

　내가 절망 파멸에 있을 때 오로지 로마서 5장 3절 4절 말씀을 붙잡고 살았다. 환난은 인내를 인내는 연단을 연단은 소망을 이루는 줄 앎이로다. 내가 그 말씀이 희망이 되어 극복이 가능했다.

살아가는 길

살아가는 길에는 방법이 있다. 행복은 한 가지 길이고 불행은 여러 가지 길이다.

확신

구원의 확신이 들고부터 죽으면 천국 간다는 생각에 아파도 아픈 것도 덜 아프다

창조의 신비

하나님의 창조의 오묘함을 손을 펴보니 알겠다
두 손에 열 손가락 하나하나를 모두 얼마나 신경 써서 만드셨는지를

공평하신

　호흡기장애인인 나는 숨이 차서 빨리 걷거나 뛰지도 못하고 비탈도 계단도 못 올라간다 공평하신 하나님은 대신 다리는 안 아프게 하셨다

가시 면류관

손에 가시가 박혀도 이렇게 아프거늘
예수님은 가시 면류관을 쓰셨으니 얼마나 아프셨을까?
그렇게 아프게 우리를 위해 돌아가셨으니
얼마나 무한히 큰 희생 제물로 내 죄가 사해졌는가

힘든 날

오늘은 힘든 날
예수님 믿고 구원받았다는 마음이 나를 일으켰다
예수님이 나의 불행을 구원했다
예수님 믿고 구원받는다
예수님이 구원해 주는 나만의 세계
예수님이 구원해서 오늘의 나는 살아 있다

성가대 30년

성가대 30년 봉사 기념식을 했다. 성가대 30년의 봉사 결과 쓰레기만도 못한 죽어야 마땅하다고 생각하는 나에서 스스로를 존중하는 내가 되었다. 그 가운데 10년을 개근하였다. 하나님은 30년 봉사의 과정에서 다 해 주셨다. 성가대는 축복이었다.

2부
명예퇴직 직전까지 교사 시절

인물학습 예수 • 도덕 시간에 • 3학년 8반 • 1학년 6반 • 시험문제
원서 • 청소년상담센터 • 성경읽기반 • 장애인 • 가을 • 유방암 2 • 자살 • 십일조
전셋값 • 중도금 • 건축헌금 • 성가대 • 하나님이 없었으면 내가 어땠을까?
하나님은 왜 나를 보호하실까? • 참 이상한 일이야 • 끝없는 싸움
주님께 • 오늘은 • 시험 • 구원 • 코 꿰기 • 순리 • 잔 • 말 • 고난 • 고난이 유익이라
엉망진창 • 부정 • 하나님은 아시는지요 • 하나님 찬양 • 힘 • 선택 • 뜻 • 벌레
하나님은 나를 버리실 거야 • 의지 • 일요일 • 임마누엘 • 예수님 사랑
이런 분이 있어요 • 기도 • 기도 제목 • 우선멈춤 • 채찍 • 준비 • 순종 • 모순
산과 계곡 • 섭리 • 종교 • 신앙

인물학습 예수

도덕 시간에 '인물학습 예수' 시험문제에서
"예수에 대하여 말한 사람은?"이라는 문제가 있었다
"㉠ 정호 : 살아 계신 하나님의 아들이래
 ㉡ 영호 : 인간의 죄를 대신하여 십자가에서 죽음을 맞
          이하셨대"
라는 보기에서
기독교를 모르는 학생들이 왜 그러냐고 따졌다
나는 당당히
"책에 있는 그대로야.
예수님은 살아 계신 하나님의 아들이고,
인간의 죄를 대신하여 십자가에서 죽음을 맞이하셨단다"
라며 예수님을 자연스럽게 전도하였다

도덕 시간에

도덕 시간에 '청소년과 종교 생활' 단원이 나와서
내 이야기를 해 주었다
초등학교 때 주일학교에서 모범어린이상을 받았는데
중학교 들어가자 교회를 다니지 못하게 해서
학교에서 고민을 써내라고 하면 항상
집에서 교회를 다니지 못하게 하는 것이었다고,
어른이 되어 자유롭게 교회를 다니게 되어서
지금은 집사가 되었다고,
사람이 살다 보면 부모 형제에게조차도 의지할 수 없는
절박한 어려움에 처할 때가 있는데
그럴 때 믿고 의지할 수 있는 힘이 되어 주는 것이
하나님이라고,
우리 영혼이 평안하게 안식할 수 있는,
구원을 받을 수 있는 것이 예수님이라고

3학년 8반

담임을 맡으면서 담임 반에 대해 기도할 생각은 하지 못했다
그런데 3학년 8반 내가 담임 맡은 반이 말을 안 들었다
콩으로 메주를 쏜다 해도 곧이듣지를 않았다
담임 맡은 것을 후회해도 1년을 마쳐야 하는 우리 반이었다
그래도 우리 반을 위해 기도할 생각은 안 했는데
문득 우리 반을 위해 기도를 할 생각이 났다
말 잘 듣게 해 달라고 우리 반을 위해 기도하기 시작했다
너무나 다급해서 기도를 시작했다
그랬더니 그때부터 우리 반이 말을 잘 듣기 시작했다
기도를 시작하자 감쪽같이 언제 말을 안 들었냐는 듯 말을 잘 듣기 시작했다
그리고는 1등까지 했다
너무나 기뻤다
기도의 힘이 놀라왔다

1학년 6반

I
3학년 8반이 1등을 한 후 교만에 빠진 나는
연 이태 학급으로 고생을 했다
올해는 기도 모임에 단단히 기도를 부탁하고
기도로서 학급을 시작했다
3월 한 달 지각 결석이 한 명도 없더니
선생님들이 연구수업은 도맡아 하고
결국 1등까지 해내고 말았다
기도의 응답이었다
기도의 응답이 신기했다

II
그리고 교만에 빠져 그다음 해 또다시 고생을 했다
그리고서 죽어라고 기도를 했다
또다시 1학년 6반을 맡고 또다시 전교 1등을 한다
선생님들이 신기한 반이라고 한다
기도의 힘이 갈수록 놀랍다
기도의 힘이 놀랍다 놀랍다

시험문제

처음으로 한 학년을 도맡아서 하는 첫 시험문제를 내는데
책임감 때문에 망설였어요
기도 부탁을 하고 기도하고 시험문제를 냈죠
술술술술 문제를 내는데 풀리는 거예요
학생들이 시험을 보는데 완벽하게 실수 하나 없었죠
기도의 힘이 놀라왔어요

원서

중3 담임하면서 기도하기를
입학 원서 쓸 때 속 썩이지 않고
순조로이 원서 쓰게 해 달라고 기도했다
그랬더니 다른 반은 학부형이 와서
군말도 많고 사설도 많으며 시간을 질질 끌면서
담임 말을 틀기도 해 가며 속을 썩이더란다
그랬는데 우리 반은 학부형이 오면
"네! 그렇게 하지요. 선생님 말씀에 따르겠습니다"라고
한마디면 끝이고
모든 사람이 5분 안에 "네! 감사합니다" 하고는 가 버린다
너무나 쉽게 원서를 썼다
기도의 응답이 신기했어요

청소년상담센터

교육청 상담실에 상담교사로 근무하는 게 꿈이었다
교육청 청소년상담센터가 개설되자
청소년상담센터 개설요원 상담교사로 3년간 근무했다
그리고선 교사가 되고서부터의 꿈인 진로상담부장까지 했다
그리고 교육인적자원부 장관상까지 탔다
하나님은 꿈을 이루신다

성경읽기반

학교 계발 활동 성경읽기반은 내가 하는 게 아니라
하나님이 하시는 거구나
내 힘으로 하는 줄 알고 교만했더니
컴퓨터 배운 이후 디스켓 한번 날린 적 없는 내가
디스켓을 몇 번이나 날리고
또, 디스켓 내용을 엉뚱하게 바꾸고
사탄이 범접하여 혼란하기만 하다
성경읽기반은 하나님이 역사하시는 거구나
하나님이 간섭하셔서 일일이 돌보시는 거구나
성경읽기반은 내가 하는 게 아니라 하나님이 하시는 거구나

장애인

호흡기장애인제도가 생겼다고 의사로부터
호흡기장애인 신청 권유를 받았다
그렇게 약한 나를
이렇게 강하게 끌고 가는 힘은 무엇일까?
그것은 하나님이시다
전지전능하신 하나님이
넘어질 때 일으켜 세우시고
약할 때 업고 가시는 것이다
약한 자를 쓰시는 하나님이시다

가을

폐활량이 정상인의 50%도 못 되어 산을 오르지 못하는
호흡기장애인인 나는
산을 오르지 못하니까
기도원 산을 천천히 마냥 기어서 걸으며
마음껏 단풍을 감상하지요
장애는 더 이상 장애가 아니라
장애이기 때문에
하나님을 찬양하는 도구가 되지요
기어서 기어서 마음껏 단풍을 음미하며
하나님을 찬양하지요

유방암 2

유방암 선고를 받았다
교회학교 교사를 하겠다고 다짐하며 죽어라고 기도했다
수술장에서 유방을 열어 보곤 말하는 의사의 소리
"유방암이 아닙니다"
하나님의 기도의 응답이었다

자살

그 주 자살하려고 했다
그 주 주일예배 시간에 박국배 목사님이
자살하지 말라고 설교하셨다
지금 나는 살아 있다
성령의 인도하심이란다

십일조

신앙이 떨어졌었다
십일조 돈을 내는 게 아까왔다
그 돈이면 좋은 옷이 얼마큼인데……
그래서 십일조를 안 냈다
그랬더니 친구가 꼭 안 낸 십일조만큼의 돈을
꿔 가서는 안 갚았다

전셋값

전셋값을 올려 줄 때가 되었다
전셋값을 올려 줄 돈이 없다
아파트 중도금을 내야 하기 때문에
전셋값을 올려 줄 수가 없다
싼 집으로 이사를 가야 한다
그런데 IMF가 터졌다
곳곳에서 전셋값이 내렸다
우리 집도 전셋값을 올려 달라는 말을 안 하고
그대로 새집으로 입주해서 이사할 때까지 살란다
어휴! 한숨을 돌렸다
하나님은 세상을 바꾸어서라도 섭리하시는구나

중도금

아파트 입주가 얼마 안 남아서
중도금과 잔금을 치러야 하는데 돈이 모자란다
그런데 IMF가 터졌다
금리가 하늘 높은 줄 모르고 치솟았다
신종적립신탁이란 새로운 예금이 생겼다
신종적립신탁에 중도금 날짜에 맞추어
돈을 중도금에 금리를 더한 만큼씩만 저금했다
그러면 고금리 이자와 본전이 합쳐져서
중도금이 딱 들어맞는 것이다
그렇게 예금을 해서 내가 가지고 있는 돈으로
아파트 중도금과 잔금을 딱 맞게 치렀다
남들은 IMF라서 망하고 쩔쩔매는데
오히려 IMF를 쓰시게 하시는 놀라우신 하나님
IMF라서 중도금과 잔금을 딱 맞게 치른 것이다
내가 아파트 잔금까지 치르고 나자 예금 금리는 뚝 떨어졌다
세상을 바꿔서라도 섭리하시는 하나님이셨다

건축헌금

건축헌금 낼 돈이 없어서
주택부금 깨서 교회 건축헌금 냈더니
주택부금 없이도 더 좋은 내 집을 사게 되었다

성가대

성가대는 아무것도 아니겠지 하고 생각했는데,
그냥 하는 것이려니 생각했는데,
그러나 성가대는 나를 지켜 주는 힘이었구나
내가 시를 쓰게 해 주는 힘이었구나
나도 신비적인 것은 안 믿는다고 장담했는데,
신비적 신앙에 빠지는 사람을 비웃었는데,
그러나 성가대를 안 하면 어려운 일이 뻥뻥 터지는 것을
부인할 수가 없네
시를 못 쓰는 것을 부인할 수가 없네
그래도 몇 번씩 반항해 보지만
역시 그런 걸 부인할 수가 없네
그렇구나 성가대는 나를 지켜 주는 힘이었구나
내가 시를 쓰게 해 주는 힘이구나
하나님은 성가대를 그냥 하라고 하시는 것이 아니구나
진정으로 성가대에서 하나님을 찬양해야겠구나

하나님이 없었으면 내가 어땠을까?

하나님이 없었으면 내가 어땠을까?
하나님이 있었으니 내가 존재할 수 있었던 거다
하나님이 없었다면 나는 존재할 수 없었을 거다
그래도 반항하고 저항하는 나
그러면 더욱 따사로운 손으로 보듬어 품어 안아 주시는 하나님
사람을 통하여 섭리하시는 하나님
하나님의 사람들을 통하여 섭리하시는 하나님
언제까지나 택하신 나를 책임지시는 하나님
감사하신 하나님
은혜의 하나님

하나님은 왜 나를 보호하실까?

하나님은 왜 나를 보호하실까?
내가 강하기 때문일까?
아니다
그럼 내가 유능하고 똑똑하기 때문일까?
아니다
그럼 무얼까?
내가 낮고 약하고 겸손하기 때문이다
낮은 자를 쓰시는 하나님
약한 자를 쓰시는 하나님
겸손한 자를 쓰시는 하나님
하나님은 낮고 약하고 겸손한 자를 쓰시기 때문이다.

참 이상한 일이야

참 이상한 일이야
하나님은 왜 나를 보호하실까?
내가 이렇게 방황하는데
내가 이렇게 반항하는데
내가 이렇게 절망하는데
내가 이렇게 나 몰라라 하는데
파멸의 구렁에서는 밧줄을 내려 주시고
벼랑에서는 다리를 놓아 주시고
진창에서는 신발을 신겨 주시며
사람을 통하여 역사하시는 하나님
나를 보호해 주시는 하나님

끝없는 싸움

사랑하시는 예수님
반항하는 나
그러면 사랑하니까 치셔서 또다시 똑같은 길을 되풀이 걷게 하시는 예수님
되풀이의 나
인내로 참으시는 예수님
돌아오기까지 기다리시는 예수님
포기하지 않으시는 예수님
그래도 누가 이기나 싸워 보지만 결국 항상 지는 나
그럴수록 한없이 사랑을 퍼부으시는 예수님
끝없는 예수님

주님께

놓은 손 잡히니 평안합니다
구하신 그 은총 끝내 못 잊어
찾고 또 찾는 주님의 마음속

거울 같은 맑음에 되비쳐 보이는
우리들 모두의 삶의 여정을
주님은 인자로서 물끄러미 바라보았죠

방황의 끝이 어딘 줄 모르고
끝 간 데 모를 줄행랑 내달으면
주님은 은혜로서 우리 길 인도하시고
말없이 보호하시는 손길로서 항상 지켜보았죠

싫다고 뿌리치면 미소로서 건네주며
늘 감싸 주시는 사랑에 두 손 들고 주님을 향하옵니다

없어도 좋다고 도리질하면 없는 척
꼭 필요하다고 엄살 부리면 있는 척
언제 어디서나 전능의 힘 구가하시어

그림자처럼 뒤따르는 주님의 모습

때론 순종으로
때론 반항으로
주님 향한 돌팔매질 계속하였답니다

이제 불혹의 뒤안길
주님이 계심에 인도되어
이렇게 이렇게 읊조립니다

오셔 주셔요
받아 주셔요

주님의 존재에 생의 의미 깨닫고
이렇게 이렇게 읊조립니다

주님의 계심 감사드립니다
주님께 모든 영광 드립니다

오늘은

오늘은 울었어요
주님 손이 그리워서요

오늘은 아팠어요
주님 힘이 모자라서요

오늘은 고통스러웠어요
주님이 너무 멀어서요

오늘은 분노했어요
주님이 안 보여서요

오늘은 절망했어요
주님이 내 안에서 돌아가셔서요

오늘은 웃었어요
주님 손이 따뜻해서요

오늘은 황홀했어요

주님이 내 안으로 들어오셔서요

오늘은 즐거웠어요
주님이 함께 동행하셔서요

오늘은 뿌듯했어요
주님이 보호하심을 느껴서요

오늘은 행복했어요
주님이 내 안에 계셔 주셔서요

시험

시험은 신앙 초기에 드는 것이 아니라
신앙이 성숙해 직분을 받은 후 든다는데
정말 시험은 직분을 받은 후 드는구나
내가 집사 직분을 받고
나는 시험에 들어
하나님을 떠나고 원망할 뻔했다
없고 없는 것만 찾게 되고
구름기둥, 불기둥이 안 보여
왜 이렇게 충성 봉사하는데 아무것도 없느냐고
하나님을 원망하고 고통스러이 좌절 절망했다
그러나 나는 누구에게 물어봐도
하나님이 사랑하시는 자녀라고 해서
다시 한번 하나님께 매달리며 답을 구했다
시험을 이기고 다시 시작해야겠다
시험은 신앙 초기에 드는 것이 아니라
신앙 성숙 도중 드는 것이구나

구원

오늘은 새사람 된 날
주님 안에서 거듭난 날

숨 막혔던 고통의 통증 주님은 아실 거야
세상에 져서 허덕이던 아픔 주님은 아실 거야

난 못 잊어
주님이 날 잡으신 그때 그 손길을
난 못 잊어
주님이 날 업고 걸으신 그때 그 발길을

사람 모두 등 돌려 도리질해도
달콤한 세상 어서 오라 손짓해도

이젠 난 몰라
주님밖에는

방황하다 방황하다 잡힌 손아귀
뿌리치다 다시 잡힌 손아귀

코 꿰기

하나님이 나를 코 꿰셨어요
하나님이 나를 코 꿰셨어요

어머나!
나도 모르는 사이
하나님이 나를 코 꿰셨어요

나는 세상 좇아
하나님 잊은 채 열심히 살다 보면
아차!
나도 모르는 사이
하나님이 경종 울려요

어느새 깜빡
하나님 잊고 모르는 채 열심히 살다 보면
하나님이 문득문득 알려 주시는
"나 여기 있다" 하시는 경보음

하나님이 살아 계셔요
온 우주 삼라만상에
바로 내 안에

나를 코 꿰셔서 끌고 다녀요
하나님이 나를 코 꿰셨어요

순리

영감이라는 말에서는 영감이라는 느낌이 나고
예술이라는 말에서는 예술이라는 느낌이 나고

감나무 밑에서는 감이 떨어지고
밤나무 밑에서는 밤이 떨어지고

떡갈나무 잎에서는 떡갈나무 잎이 떨어지고
오동나무 잎에서는 오동나무 잎이 떨어지고

사과나무에서는 사과가 열리고
앵두나무에서는 앵두가 열리고

장미에서는 장미꽃이 피고
백합에서는 백합꽃이 피고

은행나무에서는 은행 단풍이 들고
단풍나무에서는 단풍 단풍이 들고

푸른 물감을 풀면 푸른 물이 들고
빨강 물감을 풀면 빨강 물이 들고

하나님에서는 하나님이 그려지고
예수님에서는 예수님이 그려지고

잔

오늘은 성찬식
예수님 살과 피 먹는 날

떡 하나 떼어
예수님 몸을 먹은 후
은쟁반 위 예수님 붉은 피가 담긴
포도주 잔을 집어 듭니다

예수님 얼굴 어리는 포도주 잔
고개 숙여 기도합니다

예수님 피 내 피 되며
예수님과 하나가 된 듯한 나
활짝 웃으며 예배당을 나옵니다

손안에 꼭 쥔 잔
오늘은 이웃을 사랑하라고 말합니다

말

새 말은 지지배배
개 말은 멍멍
고양이 말은 야옹야옹
개나리 말은 개나리꽃
진달래 말은 진달래꽃
시냇물 말은 졸졸졸
인간 말은 언어(한국인은 한국어, 영국인은 영어……)
저희끼리 하는 말
서로끼리 알아듣는 말
서로가 서로 알아들을 수 없는 말
바벨탑이 무너지고 생긴 말
인간의 힘으로 하나님께로 올라갈 수 없음을 말해 주는 말
하나님이 계심을 나타내 주는 말

고난

세상은 고난을 비웃는데
예수님은 고난에 동참해요

세상은 쓰러져 울며 절망에 빠져 살라 하는데
예수님은 일어서 웃으며 걸으라 부축해 줘요

세상이 날 버리고 손가락질할 때
고난은 연단의 열매를 가져온다고 극복하게 하시는 예수님

고난에서 허우적댈 때 동아줄 건네주시고
고난이 네게 유익이라 새 힘을 주시는 예수님

예수님 안에서 나 위로받으며 살아요
예수님 안에서 나 축복받으며 살아요

고난이 유익이라

고난이 유익이라 성경에서는 말씀하시지만
어떻게 고난이 유익일 수 있느냐고
고난받을 때는 몸부림치며 외쳤죠
어떻게 고난이 유익일 수 있을까요?
그건 절대 아니라고 몸부림쳤죠
그러나 예수님 안에는 고난이 유익이에요
지나 놓고 보면 모든 고난이 다 유익이었어요
고난에서 내가 컸어요
예수님은 고난을 유익으로 만들죠
고난을 유익으로 만들 수 있는 분이 예수님이에요

엉망진창

오늘은 아침에 일어나니
아침부터 기분이 엉망진창이었어
나는 왜 살지?
죽고만 싶어
왜 모든 것이 요 모양 요 꼴일까?
아, 신경질 나
……

주일날이라 교회를 갔지
그래도 기분이 가시지 않아
우울한 기분으로
교회에서 생활을 했지

하나님께 기도를 했어
어수선한 엉망진창인 기분을
정리해 달라고
오늘 할 수 있는 기도는
오로지 그것뿐

모든 꿈과 희망이
물거품처럼 사라진 날
하나님께 올릴 수 있는 것은 기도뿐

집에 돌아와
저녁을 먹고 나니
비로소 마음에 평안과 안정이 오네
주일날 교회에서의 기도가 아니었다면
지금도 내 기분은 지옥을 헤맬 거야

주일을 하나님께 바치고 찾아온
주일날 저녁의 마음의 평화
이것은 또 다른 하나님과의 만남일 거야

부정

하나님을 떠났죠
하나님이 붙잡으셨어요
방황했어요
하나님이 길 인도하셨죠
먼 데로 달아나고 싶었어요
하나님이 쫓아오시더군요
싫다고 뿌리쳤지요
하나님이 사랑으로 보듬으시더군요
권태로와요
하나님이 새 힘을 주시고요
짜증스러워요
하나님이 인내하며 기다리시네요
생활이 뒤틀렸어요
하나님이 바로잡아 주시네요
힘들어서 지쳤어요
하나님이 기대라고 팔을 내미시네요
괴로움에 시달려요
하나님이 위로해 주시네요
지쳤어요

하나님이 힘을 주시네요
세상이 미워지고 싫어졌어요
하나님이 바로 보는 눈을 주시네요
삐뚤어졌어요
하나님이 올바르게 바로잡아 주시네요
투정했지요
하나님이 다 받아 주시며 감싸 주셔요
고통스러웠어요
하나님이 따스한 사랑으로 애무해 주시네요

하나님은 아시는지요

하나님은 아시는지요
어젯밤의 그 쓰라린 내 마음을
하나님은 아시는지요
세상 고통 짊어지고 아파하던 나의 모습을
하나님은 아시는지요
고통에 신음하는 절박한 저의 울부짖음에
응답하셨다는 사실을
하나님은 아시는지요
어제의 시련이 지나고 오늘은 화평을 주셨다는 사실을
하나님은 아시는지요
주님의 섭리의 놀라움에
어젯밤의 신음이 오늘은 감사로 변하는 제 마음을
하나님은 아시는지요
하나님이 제게 얼마나 놀라운 분이셨는지
제가 얼마나 놀랐는지
하나님은 아시는지요

하나님 찬양

하나님이 하시는 일을 보면
하나님은 정말 놀라우신 분이시다
하나님은 정말 오묘하신 분이시다
절묘하신 분이시다
하나님이 하시는 일을 보고 그러니 내가 어찌
하나님을 찬양하지 않을 수 있겠는가?

힘

I
내 힘이 어디서 나오나
하나님에게서 나오지
내가 울 때 함께 울어 주시고
내가 아파할 때 함께 아파하시고
내가 고통스러워할 때 함께 고통하시는
내 힘의 원동력
내 힘의 근원
하나님

II
이 우주 공간에는 보이지 않는 힘이 있구나
나를 지배하는 위대한 엄청난 힘이 있구나
하나님!

III
하나님에게는 인간의 힘으로는 어쩔 수 없는 알지 못할 힘이 있다
　하나님에게는 인간의 힘으로는 어쩔 수 없는 알지 못할

섭리가 있다
　하나님은 완전무결하게 힘을 발휘하신다
　하나님은 완전무결하게 섭리하신다
　인간의 힘으로는 어쩔 수 없는 하나님의 힘과 섭리
　그런 하나님을 보면 놀라웁다
　그런 하나님을 보면 무서웁다
　그런 하나님을 보면 하나님이 살아 계셔서 역사하신다는 것을 느낀다

　Ⅳ
　내 힘으로 살려고 아둥바둥하며
　내 힘으로 산다고 생각했는데
　내 힘으로 산 것은 다 실패요
　이룬 것은 다 하나님 힘이었구나
　내 힘으로 산 것이 아니요
　하나님 힘으로 산 것이구나

선택

하나님께서는 선택하신 자를 절대 놓지 않으신다
개 끈이다
길어졌다 짧아졌다
끊어졌다 이어졌다
처음에는 끈에 의지해 말뚝 주위를 뱅뱅 돌다가
나중에는 끈이 끊어져도
끈이 끊어진지도 모른 채,
끈이 끊어진 걸 알더라도,
말뚝 주위를 떠나지 못하고 말뚝 주위를 뱅뱅 도는
끈에 묶인
하나님의 선택

뜻

하나님이 지배하는 뜻
사람의 노력으로는 어쩔 수 없는 불가항력적인 하나님의 뜻
사람은 하나님의 뜻에 따라 사는 존재
하나님의 뜻을 겸허히 알고 받아들여 순종하는 사람

벌레

벌레 한 마리가 오늘 내 손바닥 위에 앉았다
이 벌레가 죽으려고 환장을 했나? 하고 생각하다가
문득 생각했다
이 우주를 만드신 하나님도 이와 같으시지 않을까?
나는 하나님 손바닥 위에서 노는 거라고
아니 벌레만도 못한 거라고
내 한 목숨, 내 인생 하나님 손에 달려 있다고
하나님의 뜻에 따른 거라고

하나님은 나를 버리실 거야

하나님은 나를 버리실 거야
이렇게 방황하는데
하나님은 나를 버리실 거야
이렇게 절망하는데
하나님은 나를 버리실 거야
이렇게 아파하는데
하나님은 나를 버리실 거야
이렇게 나에 연연해 나로서 사는데
하나님은 나를 버리실 거야
이렇게 못 본 채 눈 감아 버리는데
하나님은 나를 버리실 거야
이렇게 멀어져만 가는데
하나님은 나를 버리실 거야
이렇게 되뇌며 힘이 든다고 도리질 치면
 나도 모르는 사이 다가와 살포시 손잡으시며 나 대신 나를 업고 가시는 분

의지

오로지 하나님께만 의지하라고 해서
오로지 하나님께만 의지하고 살았더니

내가 힘들고 아파할 때 나를 업고 걸으셔서
두 발자국을 남겨 주신 하나님

일요일

일요일은 주님과 상담하는 날
내 마음 주님께 아뢰어 응답받는 날
아침에 들고 간 문제
교회 가서 저녁때 응답받고 오네
아침에 아픈 상처
교회 가서 저녁때 치료하고 오네
주일은 주님과 상담받는 날
내 문제, 내 아픔 주님과 상담하는 날

임마누엘

임마누엘은 하나님께서 함께하심이란다
예수님을 임마누엘이라고도 한단다
그동안 하나님이 내게 하신 일이 임마누엘이었구나
꿈과 비전을 이루기 위해
고난의 학교에 입학시켜 훈련시키면서 임마누엘 하신 거구나
항상 두 발자국을 남기면서 임마누엘 하신 거구나
하나님의 뜻을 이루기 위해 하나님이 임마누엘 하신 거구나

예수님 사랑

예수님 사랑은 무엇일까?
어려운 사람에게 손잡아 주고
수렁에 빠진 사람을 건져 주고
죄지은 사람에게 돌팔매질을 하지 않고 감싸 주는 것이라고 생각한다
슬플 때 함께 슬퍼해 주고
기쁠 때 함께 기뻐해 주고
행복과 불행을 함께해 주는 것이라고 생각한다
한 영혼을 귀히 여기는,
한 영혼을 구원하는 것이라고 생각한다
가난한 자, 병든 자, 억압받는 자, 굶주린 자, 소외된 자들의 것이라고 생각한다

이런 분이 있어요

실족할 때 지켜 주신 분
걸을 수 없을 때 업고 가신 분
수렁에 빠졌을 때 건져 주신 분
고난일 때 소망 주신 분
어둠일 때 빛을 주신 분
마음이 무너질 때 싸매 주신 분
아플 때 치료해 주신 분
쓰러질 때 일으켜 세워 주신 분
예수님

기도

Ⅰ
기도는 다른 사람을 의식하지 않고 오직 하나님만 바라보고
하나님 품에 안겨 간절한 제목으로 얘기하는 거래
꾸미지 않고 덧붙이지 않고 있는 그대로
축구 골인시키듯 간결하게 순간적으로 짧게 골인시키는 거래
응답받으려면 기도해야 하는 거래
하나님은 반드시 응답하신대
정해진 타이밍에 응답하신대
자동판매기 현금지급기는 아니래
가장 정확한 시간표로 가장 적절한 시기에 가장 적절한 방법으로 응답하신대
용서하며 기도하는 거래
감사함으로 기도하래
감사가 기도 날개래
감사 타고 기도가 하늘로 올라간대
기도로 모든 것에 뛰어난 평강을 주신대

Ⅱ
하나님에게는 하나님의 계획이 있으시대
그런데 사람들이 기도하면 하나님은
하나님의 계획을 바꾸어 주신대

Ⅲ
성가대 기도 모임에서 기도를 실컷 하고 나서 마음이 청소당한 느낌이다
기도란 마음의 청소일 수 있겠구나
마음의 청소구나
마음을 청소하고 싶으면 기도를 해야겠구나

Ⅳ
하나님은 왜 도와달라는 것을 좋아하실까?
나 같으면 누가 그렇게도 많이 도와달라고 하면
힘들고 귀찮을 텐데
그 수많은 사람들이 모두 도와달라고 해도
도와달라고 하면 할수록 좋아서
"그래 좋다. 예쁘다. 기도 많이 해라"라고 하시며

기도를 권면하시는 주님
도와달라고 기도하면 할수록
좋아서 헤헤 웃으시는 하나님

기도 제목

하나님은 기도 제목을 들어주신다
때론 당장
때론 오랜 기다림 끝에
때론 쉽게
때론 힘들게
기도 제목이 이루어지지 않는 것은
하나님이 더 좋은 계획이 있어서이다
하나님은 더 좋은 계획을 이루기 위하여
기도 제목을 미루시기도 하신다
그러나 더 좋은 계획을 이루신 후
그러나 결국은 기도 제목을 들어주신다
때론 당장
때론 오랜 기다림 끝에
때론 쉽게
때론 힘들게

우선멈춤

하나님의 때가 있다
멈춤도 기다림도 인도하심이다
무거운 돌, 고통, 고난 속에 하나님의 계획이 있다
고난 속에서 소망 본다
우선멈춤이다
우선멈춤은 앞으로 나아가기 위해서 더욱 필요한 거다
하나님은 우선멈춤으로 우리를 훈련시키신다

채찍

I
하나님이 나를 아무리 치셔도 나는 깨닫지 못했다
그때만 잠시뿐
돌아서면 그만이었다
결국 하나님이 치시다 치시다 안 되니까
나의 가장 소중한 것을 치셨을 때에야 나는 비로소 깨달았다
하나님을
하나님을

II
하나님은 내가 하나님을 떠날 때마다
나를 치셔서 하나님께로 도로 끌고 오셨다
번번이
번번이
하나님께로 돌아와 완전 순종할 때마다
축복을 퍼부어 주셨다
번번이
번번이

Ⅲ
채찍은 너무 아프다
하나님은 사랑하는 자에게만 채찍으로 치신다
그리고 채찍 후에는 더 많은 축복을 내리신다

Ⅳ
하나님이 또 나를 치셨다
내가 잘나서 잘하는 줄 알고 오만방자했더니
하나님이 보이지 않고 희미해져서 힘들다고 주일성수도 안 했더니
하나님이 또 나를 치셨다
정말 하나님이 보이지 않았다
어디 계시냐고 따졌다
남들은 하나님 없어도 잘만 사는데
왜 나는 귀찮게 하나님이 있느냐고
일요일은 나도 남들처럼 놀고 싶다고
하나님을 원망했다
그랬더니 하나님이 하나님을 보여 주신다
하나님은 초자연적인 힘 전지전능하신 힘

인간의 능력으로는 감당할 수 없는 불가항력적인 힘
설명으로는 안 되는 힘
하나님이 살아 계시다

V
하나님이 나를 사랑하시는가 보다
하나님이 나를 치셨다
한동안 "하나님! 흥! 치! 피!"라고 하며 도도히 살았는데
기도도 안 하고 성경도 안 보고 도도히 살았는데
하나님과 멀리하며 도도히 내 멋대로 살았는데,
그랬더니 하나님이 나를 치셨다
"너! 두고 봐라 나 없이 사는가 어디 보자"라고 하시며
나를 치셨다
나는 도로 하나님께로 돌아오며
내가 하나님의 딸이라는 것을 다시금 깨달으며
나는 하나님께로 돌아와 고개를 숙였다
하나님이 나를 사랑하시는가 보다
나를 하나님 품 안에 끌어안고 싶으신가 보다

준비

여름엔 겨울이 올 것 같지 않고
겨울엔 여름이 올 것 같지 않고

행복할 땐 불행이 올 것 같지 않고
불행할 땐 행복이 올 것 같지 않고

여름과 겨울이 꼭 오듯이
행복과 불행도 꼭 온다

여름에 겨울을 준비하고
겨울에 여름을 준비하면 행복하듯이
행복할 때 하나님께로부터 불행을 준비하고
불행할 때 하나님께로부터 행복을 준비한다

순종

I
순종하면 축복받는 줄 알면서도 순종을 못 하는 나
내 교만과 아집에 쩔쩔매는 나
ㅂ 선생님, ㅇ 선생님, ㄴ 선생님
오로지 순종하여 축복받는 줄 알면서도
순종을 못 하고 내 갈 길을 가고 싶어하는 나
순종이 제사보다 낫다는데,
ㅂ 선생님, ㅇ 선생님, ㄴ 선생님
오로지 순종으로 축복받는데,
순종이 제사보다 낫다는데,

II
순종이 제사보다 낫단다
하나님은 순종으로 만날 수 있다
축복받는 사람들을 보라
다 오로지 순종한 사람들이다
시련 겪는 사람들을 보라
오로지 순종 안 한 사람들이다
하나님을 만나려거든 하나님께 순종하라

순종하다 보면 어느덧 하나님을 만나게 된다
나도 모르는 사이 하나님이 내 곁에 와 계셔 주신다
축복이 차고도 넘치게 된다

모순

나의 행복은
남에게는 불행
상처와 고통

나의 불행은
남에게는 행복
달콤한 감미료

하나님은 모순을 치료하시지

산과 계곡

I
산이 높으면 높을수록
계곡이 더 깊듯이
하나님 은혜가 넘치면 넘칠수록
사탄이 더 역사한다

II
하나님이 더욱 역사하실 때 사탄이 더욱 역사하고
사탄이 더욱 역사할 때 하나님이 더욱 역사하신다

III
산을 낮추시고
계곡을 높이시는 예수님

섭리

Ⅰ
하나님이 계시다
나는 하나님을 느끼고 체험한다

Ⅱ
그걸 단순히 우연의 일치라고 할 수는 없을 거야
그건 분명 하나님의 놀라운 섭리의 결과이지

Ⅲ
하나님은 사람을 통하여 섭리하신다더니
정말 하나님은 사람을 통하여 섭리하시는구나

종교

종교를 믿는다는 것은 무엇일까?
현실적으로 종교를 믿는다는 것은
가장 위급한 결정적 순간에 떠오르는 것 아닐까?
가장 위급한 결정적 순간에 믿고 의지하는 것 아닐까?
가장 위급한 결정적 순간에 판단 기준 잣대가 있는 것 아닐까?
나는 기독교인이니까
가장 위급한 결정적 순간에 판단 기준 잣대는 하나님이 된다
가장 위급한 결정적 순간에는 하나님이 떠오른다
가장 위급한 결정적 순간에는 하나님께 의지한다
그래서 나는 기독교인인가 보다

신앙

하나님이 있어서 하나님 중심으로 뱅글뱅글 돈다
목줄에 걸린 개가 목줄만큼 돌다가
목줄이 끊어져도 목줄 길이만큼을 벗어나지 못해
목줄 주위를 뱅글뱅글 돌듯
하나님이라는 목줄을 따라 뱅글뱅글 돈다
처음에는 하나님의 목줄 따라 돌다가
나중에는 하나님이라는 목줄이 끊어져도 끊어진 줄 모르고
목줄이 없어도 상관없다
자동반사적으로 하나님 안에서 하나님을 중심으로 산다
나도 모르는 사이 목줄 주위를,
하나님 주의를 돌고 있다
그게 신앙인가 보다
그렇게 되기까지가 신앙의 수련인가 보다

| 송태옥 신앙시집 |

포근한 나의 성령님

초판 발행일 2024년 3월 20일

지은이 송태옥
펴낸이 임만호
펴낸곳 창조문예사
등 록 제16-2770호(2002. 7. 23)
주 소 서울 강남구 선릉로112길 36(삼성동) 창조빌딩 3F(우 : 06097)
전 화 02) 544-3468~9
F A X 02) 511-3920
E-mail holybooks@naver.com

책임편집 김종욱
디자인 이선애
제 작 임성암
관 리 양영주

ISBN 979-11-91797-43-5 03810
정 가 12,000원

※ 잘못된 책은 바꾸어 드립니다.